august stramm: poemas-estalactites

Copyright © Augusto de Campos, 2008.

COLEÇÃO SIGNOS dirigida por Augusto de Campos

Supervisão editorial J. Guinsburg
Projeto gráfico Sergio Kon
Capa Augusto de Campos
Revisão de provas Iracema A. de Oliveira
Produção Ricardo W. Neves, Raquel Fernandes Abranches e Sergio Kon

Dados Internacionais de Catalogação na Publicação (CIP)
(Câmara Brasileira do Livro, SP, Brasil)

Campos, Augusto de
    August Stramm : poemas-estalactites / Augusto de Campos.
– São Paulo: Perspectiva, 2009. – (Coleção Signos; 44)

    ISBN 978-85-273-0866-3

    1. Stramm, August, 1874-1915 – Crítica e interpretação 2.
Poesia alemã – História e crítica I. Campos, Augusto de. II.
Título. III. Série.

09-07190   CDD-831.91

Índices para catálogo sistemático:
1. Poesia : Literatura alemã   831.911

Direitos reservados à

EDITORA PERSPECTIVA S.A.

Av. Brigadeiro Luís Antônio, 3025
01401-000 São Paulo SP Brasil
Telefax: (11) 3885-8388

www.editoraperspectiva.com.br

2009

AUGUSTO DE CAMPOS

AUGUST STRAMM

POEMAS ESTALACTITES

PERSPECTIVA

9   August Stramm: Poemas-Estalactites
Augusto de Campos

22   Kirchgang / A Caminho da Igreja

de "DU" (Você)

26   Verabredung / Encontro

28   Untreu / Infiel

30   Vorübergehn / Passar

32   Traum / Sonho

34   Verzweifelt / Desesperado

36   Schwermut / Melancolia

38   Heimlichkeit / Intimidade

40   Sehnen / Desejo

42   Wiedersehen / Reencontro

44   Dämmerung / Crepúsculo

48   Begegnung / Compromisso

50   Fluch / Maldição

52   Abendgang / Passeio Noturno

de "TROPFBLUT" (Gotas de Sangue)

56   Wecken / Alvorada

58   Schlachtfeld / Campo de Batalha

60   Wunde / Ferida

62   Sturmangriff / Assalto

64   Abend / Ocaso

66   Gefallen / Caído

68   Wacht / Guarda

70   Krieg / Guerra

72   Schrapnell / Projétil

74   Patrouille / Patrulha

76   Zagen / Temor

78   Krieggrab / Túmulo de Guerra

80   Kampfflur / Zona de Combate

82   Wache / Sentinela

August Stramm: Poemas-Estalactites

AUGUSTO DE CAMPOS

Foi Haroldo de Campos quem primeiro chamou a atenção, entre nós, para a modernidade da obra de August Stramm, poeta alemão, que nasceu em Münster em 1874 – o mesmo ano em que nasceu Schoenberg – e morreu em Horodec, no campo de batalha russo, em 1915[1]. Embora sempre mencionado quando se trata dos poetas de sua geração, Stramm acaba geralmente relegado a segundo plano, por certo pela radicalidade e aspereza de sua poesia e pela dificuldade de traduzir os seus poemas, escassamente vertidos para outros idiomas. No entanto, Alfred Döblin afirmou: "Ninguém levou tão longe o expressionismo em literatura". Kurt Schwitters depôs: "São muitos os méritos de Stramm em relação à poesia". E Jeremy Adler, organizador de uma coletânea completa de sua obra[2], chegou a compará-lo a Kandinsky e a Schoenberg, dizendo que, como eles em relação à pintura e à música, Stramm introduziu a abstração na poesia.

---

1 "Os Estenogramas Líricos de August Stramm", publicado originalmente na página "Invenção" do *Correio Paulistano*, em 15-05-60, e reproduzido no livro *O Arco-Íris Branco*, Rio de Janeiro: Imago, 1997.

2 August Stramm, *Die Dichtungen*, München: R. Piper GmbH, 1990. Esta edição serviu de base para a fixação do texto alemão neste livro.

Haroldo transcriou magnificamente vários de seus poemas: "Erinnerung" (Recordação), "Freudenhaus" (Casa do Prazer), "Wankelmut" (Inconstância), "Mondschein"(Luar), "Vernichtung" (Aniquilação), "Urtod" (Arquimorte), "Signal" (Sinal). Eu me proponho aqui expandir essa seleção, acrescentando-lhe mais de uma vintena de poemas[3].

Filho de um agente do serviço postal, funcionário dos correios como ele, tem-se a impressão de que Stramm compactou em sua poesia a brevidade da mensagem telegráfica com alguns princípios do futurismo, mas com maior rigor e sem a prolixidade e a flacidez que este revelaria, depois dos primeiros poemas-manifesto. Stramm tumultua a gramática. Usa verbos no infinito onde deveriam estar outras formas verbais, transforma substantivos e adjetivos em verbos, alterando prefixos ou encurtando vocábulos, cria neologismos. E opera essas transubstanciações verbais em

---

3 Além das transcriações de Haroldo, publicadas com o estudo já referido, das poucas versões para o português que encontrei, Jorge de Sena traduziu "Verzweifelt" (Desesperado), "Schwermut" (Melancolia) e "Patrouille" (Patrulha), estes dois últimos poemas também traduzidos por Cláudia Cavalcanti, em seu livro *Poesia Expressionista Alemã* (Editora Estação Liberdade Ltda, São Paulo, 2000), onde se encontram ainda transpostos "Sturmangriff" (Assalto) e "Dämmerung" (Crepúsculo). A antologia portuguesa *Rosa do Mundo – 2001 Poemas para o Futuro* (Porto: Assyrio & Alvim, 2001) incluiu uma tradução de "Spiel" (Jogo), por João Barrento. Com exceção deste poema, todos os demais são recriados no presente volume. A primeira versão da minha tradução de "Verzweifelt" (Desesperado) apareceu em minha antologia *Irmãos Germanos* (Florianópolis: Noa Noa, 1992).

poemas enxutos, essenciais, quase enigmáticos pela renúncia às passagens explicativas ou narrativas.

A vida de Stramm não apresenta incidentes notáveis. Além dos cursos especiais de sua profissão, casou-se, teve três filhos. Em 1913 conheceu o escritor e crítico Herwarth Walden (1878-1941), que fundara a revista *Sturm* (A Tempestade), o principal órgão da vanguarda expressionista, onde tomou conhecimento dos manifestos futuristas de Marinetti e de poemas de Apollinaire e Blaise Cendrars, que certamente o influenciaram, assim como as concepções e a arte de Kandinsky e Kokoshka, colaboradores da revista. Ele, por sua vez, influenciaria a primeira fase de Kurt Schwitters, em poemas como "Anna Blume" (Anaflor), também belamente traduzido por Haroldo[4]. Walden foi o seu grande amigo e conselheiro e também o seu primeiro editor durante e após a vida. Oficial da reserva que era, Stramm foi convocado para a primeira guerra, desde logo, e veio a morrer em ação, prematuramente, aos 41 anos, como Gaudier-Brzeska, o jovem escultor admirado por Pound e cuja morte em combate, no mesmo ano, quando contava somente 24 anos, foi tão lamentada por este. Misérias da guerra. Quem sabe aonde nos levaria a obra desses grandes artistas, que apenas florescia?

O percurso de Stramm é paradoxal. É o de um anti-Rimbaud, em termos de precocidade. Tinha já cerca de 40 anos quando começou a produzir sua poesia memorável, pois, como observa Jeremy Adler,

---

4 Ver Kurt Schwitters ou O Júbilo do Objeto, em Haroldo de Campos, *A Arte no Horizonte do Provável* (São Paulo: Perspectiva, 1969).

sua obra poética mais duradoura, relativamente pequena, foi desenvolvida em um ano e meio entre 1914 e 1915. Apareceu primeiro no livro *Du* (Você), com o subtítulo "poemas de amor", em 1915, e completou-se depois, postumamente, com *Tropfblut* (Gotas de Sangue), "poemas de guerra", publicado em 1919, numa distribuição igual de 31 poemas para os de temática amorosa e outros 31 para os afetados pelas inquietações do conflito da primeira grande guerra. Contando-se os dois poemas longos "Die Menscheit" (A Humanidade) e "Weltwehe" (Dor do Mundo), publicados na revista *Sturm*, em 1914 e 1915, respectivameante, mas não incluídos naquelas racoltas, a obra poética de Stramm somaria apenas 64 poemas. Adiante, coletâneas mais completas acresceram-lhes alguns poucos textos esparsos, assim como as peças dramáticas significativas, algumas delas como que extensões dos poemas, e os também parcos escritos em prosa.

Durante muitos anos, procurei, em vão, traduções da poesia de Stramm para outros idiomas. O que achava eram quase sempre três ou quatro peças, mais ou menos as mesmas, em antologias de poesia alemã. A única obra monográfica que vim a encontrar, muito depois de haver iniciado minhas traduções de seus poemas – a primeira delas publicada em *Irmãos Germanos* (Florianópolis: Noa Noa, 1992) –, foram os *22 Poems*, vertidos para o inglês por Patrick Bridgwater, edição esgotada, de que só consegui um exemplar usado, por alto preço. De pequena tiragem, com apenas 200 exemplares numerados, a coletânea, publicada em 1969 pela Brewhouse Press, de Leicestershare, Inglaterra, e ilustrada por Rigby Graham, não é bilingue, cingindo-se apenas, além de breve informação biográfica, às traduções, de boa fatura, embora Bridgwater, que enfrenta com brilho as sonoridades e as idiossincrasias do idioleto strammiano, tenda a normatizar as soluções do texto inglês. Nada se diz no livro sobre o tradutor que, segundo uma informação colhida na Internet, é professor emérito de alemão na Universidade de Durham, Inglaterra, com obras sobre relações literárias anglo-germânicas, Nietzsche, Schopenhauer, Kafka e o Expressionismo. Dele eu conhecia apenas a competente antologia *Twentieth Century German Verse* (1963), que organizou e prefaciou para a editora inglesa Penguin Books. Ali se encontram as suas primeiras versões de quatro dos poemas incluídos na posterior antologia dedicada a Stramm. Em sua introdução, Bridgwater, que chega a definir-lhe a obra como "a type of concrete poetry", afirma a respeito do poeta:

> futurista, ele foi um experimentalista mais radical do que os futuristas o foram. Seus poemas, totalmente ilógicos pelos padrões da prosa, são dinâmicos, *staccato*, abstratos, expressões altamente concentradas de um estado de visão interior. Por meio de neologismos (verbos formados de adjetivos e substantivos etc), ausência de pontuação, cortes de linhas mais ou menos arbitrários, Stramm procura – com sucesso – transmitir o dinamismo imediato do momento de uma sensação.

Em outro passo, ele situa sua obra entre a poesia "impressionista" de Arno Holz e a arte abstrata (inclusive na poesia) de Paul Klee e

Kandinsky, aproximando-a também da poesia de Ungaretti e dos experimentos anglo-americanos de 1909-1914 (querendo referir-se ao imagismo e ao vorticismo poundianos). Só recentemente vim a saber da publicação de uma edição francesa, bilingue, dos poemas de Stramm, *Gedichte und Prosa / Poèmes et Prose*, com traduções de Huguette e René Radrizzani (Éditions Comp'act à Chambéry, 2001)[5]. Bastante completa, a edição abrange praticamente toda a obra poética de Stramm – um trabalho altamente meritório e, que eu saiba, único em sua amplitude. Traz também a edição um curto mas significativo posfácio, "Aspectos da Poética de August Stramm" onde, entre outras observações, se afirma: "o único poeta que pode ser comparado a Schoenberg, Webern, Kandinsky, Mondrian, ele cria uma obra em que a relação com a linguagem e as coisas é inteiramente reinventada. Sua obra é a quintessência do expressionismo". Todas essas versões, às vezes discordantes na interpretação dos complexos textos do poeta alemão, me auxiliaram a compreender a sua obra e a buscar soluções adequadas para a sua conversão em nossa língua e em linguagem poética.

As minhas traduções, em número de 28, chegam a ultrapassar a seleção de Bridgwater e, somadas às de Haroldo, atingem o número 35, ou seja, mais da metade do "corpus" poético

---

5 Especialista na obra do poeta, Radrizzani tem a seu crédito a edição alemã, *August Stramm: Das Werk*, Wiesbaden: Limes, 1963, em cujo texto, ligeiramente aumentado e corrigido, se baseia a versão francesa, conforme esclarecem os tradutores.

strammiano. Verifico, além disso, que os 14 primeiros poemas traduzidos pertencem, quase todos, ao livro *Du* (Você). Apenas "Kirchgang" (A Caminho da Igreja) não foi incluído na edição original, embora se afine com a temática amorosa desse volume, o único publicado em vida do autor. Os 14 poemas seguintes, a contar de "Wecken" (Alvorada), fazem parte do segundo livro de Stramm, *Tropfblut* (Gotas de Sangue). Tal distribuição não foi inteiramente premeditada, mas me agrada bastante por dar ao leitor uma visão harmoniosa das duas vertentes em que se configura a poesia de Stramm, o amor e a guerra, temas que às vezes se imbricam e entrelaçam pelo vocabulário, pelo estilo e até por contágio intermotívico, pois no angustiado contexto bélico que domina os últimos textos se infiltra aqui e ali o alento desesperado do amor e da vida que marca o primeiro conjunto.

São muitas as dificuldades que oferece a tradução de Stramm, a partir daquele "Du" monossilábico, tão importante para o poeta no estabelecer a polaridade com "Ich" (eu), também monossilábico, mas que soa um tanto artificial em português, vertido por "tu". Optei em alguns casos pelo "você", apesar da perda sonora, quando o "tu", sempre tentador pela semelhança fônica com o "du" original, me pareceu incomodativo e impertinente em nosso coloquial. Mas os maiores obstáculos estão na subversão gramatical operada por Stramm. Um deles, e dos mais difíceis de contornar, ocorre em seu emprego do infinitivo, frequentemente em situação ambígua com a 3ª pessoa do plural do presente do indicativo, às vezes tomando o lugar do substantivo. A brevidade dos poemas engana. Stramm nos joga numa areia movediça gramatical. Além de não sabermos ao certo a flexão do verbo com que nos defrontamos. Verbos intransitivos se transitivam, perdem ou ganham prefixos; substantivos, adjetivos e advérbios assumem formas verbais. Somem-se a isso os neologismos criados por fusão, encurtamento e alongamento dos vocábulos ou por transferência de afixação, ou ainda diretamente a partir de radicais.

Quanto ao mais, é preciso tentar acompanhar o poeta, passo a passo, em seus voos linguísticos, as desconstruções e reconstruções morfológicas, as aliterações e paronomásias, o entre-ecoar das rimas internas que se acumulam ou dispersam em linhas curtíssimas. Permito-me discordar, nesse ponto, dos autores da versão francesa, não obstante todos os seus grandes méritos. Afirmam eles que uma tradução de Stramm deve evitar o choque, permanecer tão natural quanto possível, "entrar no ouvido", mesmo se for necessário renunciar a certas temeridades léxicas. Concordo com a naturalidade, mas não com a renúncia.

Penso, diversamente, que à estraneidade do original perante o seu próprio idioma deve corresponder análoga estraneidade no idioma de chegada e que tentar "corrigir" as idiossincrasias criativas de Stramm, ou amenizá-las, acaba importando numa sensível diminuição de carga poética. Esforço-me assim para recriar o estranhamento strammiano em português, compensando aqui e ali o que não foi possível obter num trecho específico e procurando encontrar uma relativa congenialidade em formações paralelas conseguidas por associação linguística. Um exemplo é aquele problemático "Ich steine...Glast du", do poema "Verzweifelt" (Desesperado), com o significado "eu me petrifico... tu te transformas em vidro" , mas que em em língua de Stramm é mais do que isso: "eu pedro... tu vidras"). Em minha tradução preferi a solução: "Eu cascalho"... Tu te vidras", para jogar no primeiro caso com a ambiguidade sugerida por "cascalho", que pode significar "pedra" mas também "(eu) gargalho"; no segundo, com a sugestão associativa de "Tu te viras". Outro exemplo expressivo, extraído do poema "Sehnen" (Desejo): "Dein Nahen fernt" (Teu perto longeia). Logo adiante, nesse mesmo poema, o surpreendente "Ein Blick / Hat / Ist", que em função dos cortes estróficos tanto pode significar "Um olhar tem" ou "Um olhar é" como ainda "Um olhar tem é"; assim também o verbo neológico (arcaizante, segundo Jeremy Adler) "Icht" (aqui 3ª pessoa do singular do presente do indicativo) formado a partir da 1ª pessoa do singular do pronome pessoal "ich" (eu), que traduzi por "eueja", conjugando-o como "braceja".

É preciso estar atento às frequentes aliterações e paronomásias, que não devem ser perdidas, ou devem ao menos ser compensadas no mesmo contexto. Por exemplo, esta, do poema "Abendgang" (Passeio Noturno): "Du schaust und schauerst" (literalmente, olhas e estremeces), que recrio como "Tremes e tramas"). Neologismos. No poema "Untreu" (Infiel), encontramos "Dein Blick versargt" – fundindo nessa última palavra o substantivo "Sarg" (caixão, ataúde) e o verbo "versagen" (negar, fracassar), uma criação que me sugeriu: "Teu olhar traicida-se", onde estão embutidos "trair", "trucidar" e "suicidar-se". Huguette e René Radrizzani traduzem a frase simplesmente por "Ton regard enterre" (Teu olhar enterra). A versão francesa desconstitui o estímulo criado com a verbalização do substantivo "Sarg", que ressoa subliminarmene em "versagt".

Embora os tradutores queiram distinguir as palavras compostas cunhadas por Stramm das palavras-valise de Lewis Carroll ou de Joyce, acentuando que as do poeta alemão não se contaminam entre si, mas se acoplam a partir de radicais, penso que o processo analítico, de mera justaposição, além de nem sempre ser viável, nem sempre funciona em outros idiomas, dadas as disparidades formais e gramaticais que ocorrem na transposição. É preciso dar conta, ademais, das sugestões associativas que implicam as construções neológicas em relação aos paradigmas linguísticos que lhe serviram de base. De todo modo, entendo que as criações strammianas, para não perder em síntese e flexibilidade na tradução, demandam, sim, muitas vezes o recurso a processos de compressão intravocabular, e as invenções neologísticas de Stramm autorizam que se usem todas as formas de amálgama verbal. Patrick Bridgwater, que é também autor do estudo "As Fontes da Originalidade de Stramm", acha que os neologismos do poeta alemão se parecem aos de Dylan Thomas (cujas matrizes mais assinaláveis são Hopkins e Joyce). Caberia lembrar aqui a poética de Khliébnikov, que, na sua peculiar variedade de linguagem transmental ("zaúm") semantizada, trabalha seus neologismos com grande liberdade, a partir de radicais linguísticos, situando-se em algum lugar entre Stramm e Joyce. De resto, basta ler o ensaio de Freud sobre o chiste e suas relações com o inconsciente, no qual ele busca mapear e classificar todas as espécies de *trompe oreille* verbais, para se constatar o quanto é difícil e relativa a distinção entre as várias modalidades de jogos de palavras por associação involuntária ou voluntária, sendo certo que várias delas, como os *lapsus linguae* e as palavras compostas, têm em comum a técnica da condensação.

Certas soluções que adoto não têm correspondência no original. Crio strammianamente, como se o poeta estivesse elucubrando em português. É o caso de "bruxuluz" (onde a palavra "luz" ganha ainda maior projeção com o *enjambement* que a transporta, isolada, para a linha seguinte) em lugar de "bruxuleia", no poema "Verabredung" (Encontro). Prefiro assumir o risco de lesa-língua ao de lesa-poesia. Só assim – creio – é possível transmitir ao leitor a criatividade vigorosa e rebelionária de Stramm, cuja característica principal é a exacerbada compressão do texto poético.

Estranho, extremado em suas soluções linguísticas, Stramm nos legou um conjunto de poemas que apesar de pouco extenso impressiona vivamente pela obsessão temática, pela audácia textural, pela radicalidade do discurso. Em sua verticalização aguda e agressiva, seus hirtos construtos líricos nos aguardam: estalactites de sangue no fundo escuro da insondável caverna do mistério humano – brilham se iluminados e de tão densos e sucintos parecem cortar como faca em nossa emoção e sensibilidade.

AUGUST STRAMM

POEMAS

ESTALACTITES

kirchgang

Die Berge läuten
Dein Gang wippt Sonnen
Die Hände funkeln
Lichten
Sternen
Der Kirchturm sonntagt
Raunt
Wo bist Du.

a caminho da igreja

Montanhas soam
Teu andar vibra sóis
As mãos fulgem
Luzes
Estrelas
A torre da igreja dominga
Murmura
Onde está você.

DU

de

VOCÊ

Verabredung

Der Torweg fängt mit streifen Bändern ein
Mein Stock schilt
Klirr
Den frechgespreizten Prellstein.
Das Kichern
Schrickt
Durch Dunkel
Trügeneckend
In
Warmes Beben
Stolpern
Hastig
Die Gedanken.
Eis schwarzer Kuß
Stiehlt sheu zum Tor hinaus
Flirr
Der Laternenschein
Hellt
Nach
Ihm
In die Gasse.

Encontro

O portão agarra com fitas listras
Meu bastão bate
Retine
No escanchado marco de pedra.
O riso
Aterroriza
No escuro
Ilusexcitante
Em
Tremor cálido
Tropeça
Brusco
O pensamento.
Um beijo negro
Furta arisco porta afora
O lampião
Bruxu
Luz
Atrás
Dele
No beco.

Untreu

Dein Lächeln weint in meiner Brust
Die glutverbissnen Lippen eisen
In Atem wittert Laubwelk!
Dein Blick versargt
Und
Hastet polternd Worte drauf.
Vergessen
Bröckeln nach die Hände!
Frei
Buhlt dein Kleidsaum
Schlenkrig
Drüber rüber!

Infiel

Teu riso chora em meu peito
Os lábios irabrasados ferrolham
No hálito farejam murchifolhas!
Teu olhar traicida-se
E
Precipita palavras vociferantes!
Esquecer
Esmigalhar nas mãos!
Livre
Corteja a fímbria do teu vestido
Coleante
Do alto alto!

Vorübergehn

Das Haus flackt in den Sternen
Mein Schritt verhält und friert.
In deinen Schoße schläft mein Hirn.
Mich fressen Zweifel!
Voll
Schattet deine Büste in dem Fenster
Das Spähen hällt mich lautlos
Die Sterne streifeln glühes Eisen
Mein Herz
Zerkohlt!
An deinem Fenster
Eist
Ein Windhauch Asche.
Die Füsse tragen weiter leere Last!

Passar

A casa faísca nas estrelas
Meu passo para e esfria.
Em teu seio meu cérebro dorme.
Dúvidas me devoram!
Pleno
Sombra teu busto na janela
A espreita me cala
Estrelas roçam ferro em brasa
Meu coração
Carboniza!
Em tua janela
Gela
Cinza de brisa.
Os pés arrastam um peso vazio!

Traum

Durch die Büsche winden Sterne
Augen tauchen blaken sinken
Flüstern plätschert
Blüten gehren
Düfte spritzen
Schauer stürzen
Winde schnellen prellen schwellen
Tücher reißen
Fallen schrickt in tiefe Nacht.

Sonho

Pelos arbustos estrelas se enroscam
Olhos submergem fumam afundam
Murmuram balbúcios
Flores fendem
Olores instilam
Borrascas inundam
Ventos vagam tragam apagam
Lenços se rasgam
Cair assusta na noite funda.

Verzweifelt

Droben schmettert ein greller Stein

Nacht grant Glas

Die Zeiten stehn

Ich

Steine.

Weit

Glast

Du!

Desesperado

No alto ressoa um seixo agudo
A noite verte vidro
O tempo estaca
Eu
Cascalho.
Tu
Te
Vidras!

Schwermut

Schreiten Streben
Leben sehnt
Schauern Stehen
Blicke suchen
Sterben wächst
Das Kommen
Schreit!
Tief
Stummen
Wie.

Melancolia

Trilhar testar
Viver tenta
Estuante estar
Olhares buscam
Expirar cresce
O porvir
Grita!
E
Mude
Ser.

Heimlichkheit

Das Horchen spricht
Gluten klammen
Schauer schielen
Blut seufzt auf
Dein Knie lehnt still
Die heißen Ströme
Brausen
Heiß
Zu Meere
Und
Unsere Seelen
Rauschen
Ein
In
Sich.

Intimidade

O ouvir fala
Brasas fremem
Esgares esguelham
Sangue suspira
Teu joelho dobra
Os rios ferventes
Lavam
Lava
No mar
E
Nossas almas
Mur
Muram
Em
Si.

Sehnen

Die Hände strecken

Starre bebt

Erde wächst an Erde

Dein Nahen fernt

Der Scritt ertrinkt

Das Stehen jagt vorüber

Ein Blick

Hat

Ist!

Wahnichtig

Icht!

Desejo

Mãos esticam
Rigidez treme
Terra cresce da terra
Teu perto longeia
O passo afunda
O estar persegue o ido
Um olhar
Tem
É!
Vanilusão
Eueja!

Wiedersehen

Dein Schreiten bebt
In Schauen stirbt der Blick
Der Wind
Spielt
Blasse Bänder.
Du
Wendest
Fort!
Den Raum umwirbt die Zeit!

Reencontro

Teu passo treme
O olho morre no olhar
O vento
Agita
Pálidos panos.
Tu
Te re
Tornas!
O tempo corteja o espaço!

Dämmerung

Hell weckt Dunkel
Dunkel wehrt Schein
Der Raum zersprengt die Räume
Fetzen ertrinken in Einsamkeit!
Die Seele tanzt
Und
Schwingt und schwingt
Und
Bebt in Raum
Du!
Meine Glieder suchen sich
Meine Glieder kosen sich
Meine Glieder
Schwingen sinken sinken ertrinken
In
Unermeßlichkeit
Du!

Crepúsculo

O claro acorda o escuro
O escuro aborta a luz
O espaço rompe os espaços
Farrapos afogam-se na solidão!
A alma dança
E
Oscila e oscila
E
Estremece no espaço
Você!
Meus membros buscam-se
Meus membros roçam-se
Meus membros
Oscilam afundam afundam afogam-se
Na
Imensidão
Você!

Hell wehrt Dunkel
Dunkel frißt Schein!
Der Raum ertrinkt in Einsamkeit
Die Seele
Strudelt
Sträubet
Halt!
Meine Glieder
Wirbeln
In
Unermeßlichkeit
Du!

Hell ist Schein!
Einsamkeit schlürft
Unermeßlichkeit strömt
Zerreißt
Mich
In
Du!
Du!

O claro aborta o escuro
O escuro devora a luz!
O espaço se afoga na solidão
A alma
Ferve
Ferrolha-se
Para!
Meus membros
Giram
Na
Imensidão
Você!

O claro é luz!
A solidão sorve!
A imensidão escorre
Rasga
Me
Em
Você!
Você!

Begegnung

Dein Gehen lächelt in mich über
Und
Reißt das Herz.
Das Nicken hakt und spannt.
Im Shatten deines Rocks
Verhaspelt
Schlingern
Schleudert
Klatscht!
Du wiegst und wiegst.
Mein Greifen haschet blind.
Die Sonne lacht!
Und
Blödes Zagen lahmet fort!
Beraubt beraubt!

Compromisso

Teu andar sorri para mim
E
Toma meu coração.
O aceno prende e afia.
Na sombra do teu vestido
Alça-se
Oscilante
Ameaçador
Murmura!
Ondeias e ondeias.
Meu punho agarra às cegas.
O sol sorri!
E
Coxeia débeis medos!
Perdido perdido!

Fluch

Du sträubst und wehrst!
Die Brände heulen
Flammen
Sengen!
Nicht Ich
Nicht Du
Nicht Dich!
Mich!
Mich!

Maldição

Vedas e vetas!
Incêndios uivam
Chamas
Queimam!
Nem eu
Nem tu
Nem ti!
A mim!
Mim!

Abendgang

Durch schmiege Nacht
Schweigt unser Schritt dahin
Die Hände bangen blaß um krampfes Grauen
Der Schein sticht scharf in Shatten unser Haupt
In Schatten
Uns!
Hoch flimmt der Stern
Die Papel hängt herauf
Und
Hebt die Erde nach
Die schlafe Erde armt den nackten Himmel.
Du schaust und schauerst
Deine Lippe dünsten
Der Himmel küßt
Und
Uns gebärt der Kuß!

Passeio Noturno

Na noite declinante
Cala-se o nosso passo
Mãos palor temem um tremor convulso
Luz ceifa sombras em nossa cabeça
Nas sombras
Nós!
Alta reluz a estrela
O álamo pende acima
E
Ergue a terra consigo
A terra em sono abraça o céu desnudo.
Tremes e tramas
Teus lábios molham
O céu beija
E
Nos nasce o beijo!

TROPFBLUT

de GOTAS DE SANGUE

Wecken

Die Nacht

Seuftz

Um die schlafen Schläfen

Küsse.

Eisen klirrt zerfahlen.

Hasst reckt hoch

Und

Schlurrt den Traum durch Furchen.

Wiehern stampft

Schatten lanzt der Wald.

Ins Auge tränen

Sterne

Und

Ertrinken.

Alvorada

A noite
Geme
Às seivas sonolentas
Beijos.
O ferro ringe opaco.
O ódio se estira
E
Arrasta o sonho entre os sulcos.
Rir pesa
O bosque lanceia as sombras.
No olho choram
Estrelas
E se afogam.

Schlachtfeld

Schollenmürbe schläfert ein das Eisen
Blute filzen Sickerflecke
Roste krumen
Fleische schleimen
Saugen brünstet um Zerfallen.
Mordesmorde
Blinzen
Kinderblicke.

Campo de Batalha

Torrões moles afrouxam o ferro
Sangues filtram flocos de limo
Crostas migalham
Carnes lamam
Amamentar estua nos destroços.
Entrematanças
Chispam
Olhos de crianças.

Wunde

Die Erde blutet unterm Helmkopf
Sterne fallen
Der Weltraum tastet.
Schauder brausen
Wirbeln
Einsamkeiten.
Nebel
Weinen
Ferne
Deinen Blick.

Ferida

A terra sangra sob o capacete
Estrelas caem
O universo tacteia.
Calafrios rangem
Rede
Moínham solidões.
Névoa
Chora
Longe
Teu olhar.

Sturmangriff

Aus allen Winkeln gellen Fürchte Wollen
Kreisch
Peitscht
Das Leben
Vor
Sich
Her
Den keuchen Tod
Die Himmel fetzen.
Blinde schlächtert wildum das Entsetzen.

Assalto

De todos os ângulos terrores uivam querer
Ácida
Açoita
A vida
Ante
Si
Aqui
A morte arfante
Os céus farrapam
O horror ceifa selvagante os cegos.

Abend

Müde webt
Stumpfen dämmert
Beten lastet
Sonne wundet
Schmeichelt
Du.

Ocaso

O ócio tece
O torpor anoitece
O orar pesa
O sol chaga
Afaga
Você.

Gefallen

Der Himmel flaumt das Auge
Die Erde krallt die Hand
Die Lüfte sumsen
Weinen
Und
Schnüren
Frauenklage
Durch
Das strähne Haar.

Caído

O céu vela o olho
A terra unha a mão
O ar zumbe
Chora
E
Entrelaça
Lagrimulheres
Dentre
Madeixas.

Wacht

Die Nacht wiegt auf den Lidern
Müdigkeit flackt und neckt
Der Feind verschmiegt
Die Pfeife schmurgt
Verloren
Und
Alle Räume
Frösteln
Schrumpfig
Klein.

Guarda

A noite embala as pálpebras

O sono pisca e chispa

O inimigo farisca

O cachimbo

Faísca

E

Todos os espaços

Tremem

Miúdos

Mudos.

Krieg

Wehe wühlt
Harren starrt entsetzt
Kreißen schüttert
Bären spannt die Glieder
Die Stunde blutet
Frage hebt das Auge
Die Zeit gebärt
Erschöpfung
Jüngt
Der
Tod.

Guerra

A dor draga
A espera encara o horror
Parturir estremece
Gestar estira os membros
A hora sangra
A pergunta ergue o olho
O tempo pare
Cansaço
Pro
Cria
A Morte.

Schrapnell

Der Himmel wirft Wolken
Und knattert zu Rauch.
Spitzen blitzen.
Füße wippen stiebig Kiesel.
Augen kichern in die Wirre
Und
Zergehren.

Projétil

O céu lança núvens
E estala em fumaça.
Faíscas riscam.
Pés roçam pós.
Olhos casquinam no caos
E
Desesguelham.

Patrouille

Die Steine feinden
Fenster grinst Verrat
Aeste würgen
Berge Sträucher blättern raschlig
Gellen
Tod.

Patrulha

Pedras pontam
Janela ri traição
Galhos esganam
Montes moitas desfolham sussurros
Guincham
Morte.

Zagen

Die Himmel hangen
Schatten haschen Wolken
Aengste
Hüpfen
Ducken
Recken
Schaufeln schaufeln
Müde
Stumpf
Versträubt
Die
Gehre
Gruft.

Temor

Os céus pendem
Sombras sequestram nuvens
Medos
Saltam
Estreitam
Estiram
Cavam cavam
Rôta
Bôta
Resiste
A
Cunha
Cova.

Krieggrab

Stäbe flehen kreuze Arme
Schrift zagt blasses Unbekannt
Blumen frechen
Staube schüchtern
Flimmer
Tränet
Glast
Vergessen.

Túmulo de Guerra

Estacas imploram braços em cruz
A escrita teme o pálido imprevisto
Flores desafiam
Pós se encolhem
Lágrima
Treme
Espelha
Esquecer.

Kampfflur

Glotzenschrecke Augen brocken wühles Feld
Auf und nieder
Nieder auf
Brandet
Sonne
Steinet Sonne
Und
Verbrandet.

Zona de Combate

Assombrolhos esquadrinham campos rotos
Acima abaixo
Abaixo acima
O sol
Explode
O sol pedra
E
Desexplode.

Wache

Das Turmkreuz schrickt ein Stern
Der Gaul schnappt Rauch
Eisen klirrt verschlafen
Nebel Streichen
Schauer
Starren Frösteln
Frösteln
Streicheln
Raunen
Du!

Sentinela

A cruz da torre assusta uma estrela
O cavalo arfa fumaça
O ferro ringe sonolento
Névoas afogam
Chuvas
Congelam calafrios
Calafrios
Afagam
Sussurram
Você!

Obras de
Augusto de Campos

Poesia

O REI MENOS O REINO
São Paulo, ed. do autor, 1951.

POETAMENOS (1953)
noigandres n. 2, 1955, São Paulo: ed. dos autores (2. ed., São Paulo: Invenção, 1973).

ANTOLOGIA NOIGANDRES
(com Décio Pignatari, Haroldo de Campos, Ronaldo Azeredo e José Lino Grünewald)
São Paulo: ed. dos autores, 1962.

LINGUAVIAGEM (CUBEPOEM)
limited edition of 100 copies, designed by Philip Steadman
Brighton, England, 1967; e na versão original, São Paulo: ed. do autor, 1970.

EQUIVOCÁBULOS
São Paulo: Invenção, 1970.

COLIDOUESCAPO
São Paulo: Invenção, 1971; 2. ed., São Paulo: Amauta, 2006.

POEMÓBILES (1968–74)
poemas–objetos, em colaboração com Julio Plaza
São Paulo: ed. dos autores, 1974; 2. ed., São Paulo: Brasiliense, 1985.

CAIXA PRETA
poemas e objetos–poemas em colaboração com Julio Plaza,
São Paulo: ed. dos autores, 1975.

VIVA VAIA (POESIA 1949–79)
1. ed., São Paulo: Duas Cidades, 1979; 2. ed., São Paulo: Brasiliense, 1986;
3. ed. revista e ampliada, São Paulo: Ateliê, 2001; 4. ed., 2008.

EXPOEMAS (1980–85)
serigrafias de Omar Guedes
São Paulo: Entretempo, 1985.

NÃO
poema–xerox, São Paulo: ed. do autor, 1990.

POEMAS
antologia bilingue, a cargo de Gonzalo M. Aguilar
Buenos Aires: Instituto de Literatura Hispanoamericana, 1994.

DESPOESIA (1979-1993)
São Paulo, Perspectiva, 1994.

POESIA É RISCO
(CD-livro), antologia poético–musical, de *O Rei Menos o Reino
a Despoemas*, em colaboração com Cid Campos,
Rio de Janeiro: Polygram, 1995.

ANTHOLOGIE — DESPOESIA
préface et traduction par Jacques Donguy,
Romainville: Al Dante, 2002.

NÃO
com o CD *Clip-Poemas* (animações digitais),
São Paulo: Perspectiva, 2003; 2. ed., 2008.

Ensaios Diversos

RE/VISÃO DE SOUSÂNDRADE
(com Haroldo de Campos)
São Paulo: Invenção, 1964; 2. ed. ampliada, São Paulo: Nova Fronteira, 1982;
3. ed. ampliada, São Paulo: Perspectiva, 2002.

TEORIA DA POESIA CONCRETA
(com D. Pignatari e H. de Campos).
São Paulo: Invenção, 1965; 2. ed. ampliada, São Paulo: Duas Cidades, 1975;
3. ed., São Paulo: Brasiliense, 1987; 4. ed., São Paulo: Ateliê, 2006.

SOUSÂNDRADE – POESIA
(com H. de Campos)
Rio de Janeiro: Agir, 1966; 3. ed. revista, São Paulo: Perspectiva, 1995.

BALANÇO DA BOSSA
(com Brasil Rocha Brito, Julio Medaglia, Gilberto Mendes)
São Paulo: Perspectiva, 1968; 2. ed. ampliada: BALANÇO DA
BOSSA E OUTRAS BOSSAS, São Paulo: Perspectiva, 1974.

GUIMARÃES ROSA EM TRÊS DIMENSÕES
(com H. de Campos e Pedro Xisto)
São Paulo: Comissão Estadual de Literatura, Secretaria da Cultura, 1970.

RE/VISÃO DE KILKERRY
São Paulo: Fundo Estadual de Cultura, Secretaria da Cultura, 1971;
2. ed. ampliada, São Paulo: Brasiliense, 1985.

REVISTAS REVISTAS: OS ANTROPÓFAGOS
introdução à reedição fac–similar da *Revista da Antropofagia*,
São Paulo: Abril/Metal Leve, 1975.

REDUCHAMP
com iconogramas de Julio Plaza
São Paulo: s.t.r.i.p., 1976. 2. ed., São Paulo: Annablume, 2009. (Coleção Demônio Negro).

POESIA ANTIPOESIA ANTROPOFAGIA
São Paulo: Cortez e Moraes, 1978.

PAGU: VIDA-OBRA
São Paulo: Brasiliense, 1982.

À MARGEM DA MARGEM
São Paulo: Companhia das Letras, 1989.

O ENIGMA ERNANI ROSAS
Florianópolis: Ed. uepg, 1996

OS SERTÕES DOS CAMPOS
(com Haroldo de Campos)
Rio de Janeiro: Sette Letras, 1997.

MÚSICA DE INVENÇÃO
São Paulo: Perspectiva, 1998.

Traduções e Estudos Críticos

DEZ POEMAS DE E. E. CUMMINGS
Rio de Janeiro: Serviço de Documentação–MEC, 1960.

CANTARES DE EZRA POUND
(com D. Pignatari e H. de Campos
Rio de Janeiro: Serviço de Documentação–MEC, 1960.

PANAROMA DO FINNEGANS WAKE
(com H. de Campos)
São Paulo: Comissão Estadual de Literatura, Secretaria da Cultura, 1962; 2. ed.
ampliada, São Paulo: Perspectiva, 1971; 3. ed. ampliada, São Paulo: Perspectiva, 2001.

POEMAS DE MAIAKÓVSKI
(com H. de Campos e Boris Schnaiderman)
Rio de Janeiro: Tempo Brasileiro, 1967; 2. ed. ampliada, São Paulo: Perspectiva, 1982.

POESIA RUSSA MODERNA
(com H. de Campos e B. Schnaiderman)
Rio de Janeiro: Civilização Brasileira, 1968; 2. ed. ampliada, São Paulo:
Brasiliense, 1985; 3. ed. ampliada, São Paulo: Perspectiva, 2001.

TRADUZIR E TROVAR
(com H. de Campos)
São Paulo: Papyrus, 1968.

ANTOLOGIA POÉTICA DE EZRA POUND
(com D. Pignatari, H. de Campos, J. L. Grünewald e Mário Faustino)
Lisboa: Ulisséia, 1968.

ABC DA LITERATURA, de Ezra Pound
(com José Paulo Paes)
São Paulo: Cultrix, 1970.

MALLARMARGEM
Rio de Janeiro: Noa Noa, 1971.

MALLARMÉ
(com D. Pignatari e H. de Campos)
São Paulo: Perspectiva, 1978.

O TYGRE, de William Blake
São Paulo, ed. do autor, 1977.

JOHN DONNE, O DOM E A DANAÇÃO,
Florianópolis: Noa Noa, 1978.

VERSO REVERSO CONTROVERSO
São Paulo: Perspectiva, 1979.

20 POEM(A)S — E. E. CUMMINGS
Florianópolis: Noa Noa, 1979.

MAIS PROVENÇAIS: RAIMBAUT E ARNAUT
Florianópolis: Noa Noa, 1982; 2. ed. ampliada, São Paulo: Companhia das Letras, 1987.

EZRA POUND — POESIA
(com D. Pignatari, H. de Campos. J. L. Grünewald e M. Faustino).
organização, introdução e notas de A. de Campos
São Paulo: Hucitec, 1983.

PAUL VALÉRY: A SERPENTE E O PENSAR
São Paulo: Brasiliense, 1984; 2. ed, São Paulo, Ficções Editora, 2009.

JOHN KEATS: ODE A UM ROUXINOL E ODE SOBRE UMA URNA GREGA
Florianópolis: Noa Noa, 1984.

JOHN CAGE: DE SEGUNDA A UM ANO
introdução e revisão da tradução de Rogério Duprat. São Paulo: Hucitec, 1985.

40 POEM(A)S — E. E. CUMMINGS
São Paulo: Brasiliense, 1986.

O ANTICRÍTICO
São Paulo: Companhia das Letras, 1986.

LINGUAVIAGEM
São Paulo: Companhia das Letras, 1987.

PORTA-RETRATOS: GERTRUDE STEIN
Florianópolis: Noa Noa, 1990.

HOPKINS: CRISTAL TERRÍVEL
Florianópolis: Noa Noa, 1991.

PRÉ-LUA E PÓS-LUA
São Paulo: Arte Pau Brasil, 1991

RIMBAUD LIVRE
São Paulo, Perspectiva, 1992.

IRMÃOS GERMANOS
Florianópolis: Noa Noa, 1993.

RILKE: POESIA-COISA
Rio de Janeiro: Imago, 1994.

HOPKINS: A BELEZA DIFÍCIL
São Paulo: Perspectiva, 1997.

MALLARMARGEM 2
Florianópolis: Noa Noa, 1998.

POEM(A)S — E.E. CUMMINGS
Rio de Janeiro: Francisco Alves, 1999.

COISAS E ANJOS DE RILKE
São Paulo: Perspectiva. 2001

INVENÇÃO — DE ARNAUT E RAMBAUT A DANTE E CAVALCANTI
São Paulo: Arx, 2003.

POESIA DA RECUSA
São Paulo: Perspectiva, 2006.

QUASE-BORGES + 10 TRANSPOEMAS
São Paulo: Memorial da América Latina, 2006.

EMILY DICKINSON: NÃO SOU NINGUÉM
São Paulo: Editora da Unicamp, 2008.

BYRON E KEATS: ENTREVERSOS
São Paulo: Editora da Unicamp, 2009.

SITE: <www.uol.com.br/augustodecampos>

COLEÇÃO SIGNOS
HAROLDIANA

1. PANAROMA DO FINNEGANS WAKE • James Joyce (Augusto e Haroldo de Campos, orgs.)
2. MALLARMÉ • Augusto e Haroldo de Campos e Décio Pignatari
3. PROSA DO OBSERVATÓRIO • Julio Cortázar (Trad. de Davi Arrigucci Júnior)
4. XADREZ DE ESTRELAS • Haroldo de Campos
5. KA • Velimir Khlébnikov (Trad. e notas de Aurora F. Bernardini)
6. VERSO, REVERSO, CONTROVERSO • Augusto de Campos
7. SIGNANTIA QUASI COELUM: SIGNÂNCIA QUASE CÉU • Haroldo de Campos
8. DOSTOIÉVSKI: PROSA POESIA • Boris Schnaiderman
9. DEUS E O DIABO NO FAUSTO DE GOETHE • Haroldo de Campos
10. MAIAKÓVSKI – POEMAS • Boris Schnaiderman, Augusto e Haroldo de Campos
11. OSSO A OSSO • Vasko Popa (Trad. e Notas de Aleksandar Jovanovic)
12. O VISTO E O IMAGINADO • Affonso Ávila
13. QOHÉLET/O-QUE-SABE – POEMA SAPIENCIAL • Haroldo de Campos
14. RIMBAUD LIVRE • Augusto de Campos
15. NADA FEITO NADA • Frederico Barbosa
16. BERE'SHITH – A CENA DA ORIGEM • Haroldo de Campos
17. DESPOESIA • Augusto de Campos
18. PRIMEIRO TEMPO • Régis Bonvicino
19. ORIKI ORIXÁ • Antonio Risério
20. HOPKINS: A BELEZA DIFÍCIL • Augusto de Campos
21. UM ENCENADOR DE SI MESMO: GERALD THOMAS • Silvia Fernandes e J. Guinsburg (orgs.)
22. TRÊS TRAGÉDIAS GREGAS • Guilherme de Almeida e Trajano Vieira
23. 2 OU + CORPOS NO MESMO ESPAÇO • Arnaldo Antunes
24. CRISANTEMPO • Haroldo de Campos
25. BISSEXTO SENTIDO • Carlos Ávila
26. OLHO-DE-CORVO • Yi Sáng (Yun Jung Im, org.)
27. A ESPREITA • Sebastião Uchôa Leite

28. A POESIA ÁRABE-ANDALUZA: IBN QUZMAN DE CÓRDOVA • Michel Sleiman
29. MURILO MENDES: ENSAIO CRÍTICO, ANTOLOGIA E CORRESPONDÊNCIA •
    Laís Corrêa de Araújo
30. COISAS E ANJOS DE RILKE • Augusto de Campos
31. ÉDIPO REI DE SÓFOCLES • Trajano Vieira
32. A LÓGICA DO ERRO • Affonso Ávila
33. POESIA RUSSA MODERNA • Augusto e Haroldo de Campos e B. Schnaiderman
34. REVISÃO DE SOUSÂNDRADE • Augusto e Haroldo de Campos
35. NÃO • Augusto de Campos
36. AS BACANTES DE EURÍPIDES • Trajano Vieira
37. FRACTA: ANTOLOGIA POÉTICA • Horácio Costa
38. ÉDEN: UM TRÍPTICO BÍBLICO • Haroldo de Campos
39. ALGO : PRETO • Jacques Roubad
40. FIGURAS METÁLICAS • Claudio Daniel
41. ÉDIPO EM COLONO DE SÓFOCLES • Trajano Vieira
42. POESIA DA RECUSA • Augusto de Campos
43. SOL SOBRE NUVENS • Josely Vianna Baptista
44. POEMAS-ESTALACTITES • August Stramm
45. CÉU ACIMA: UM TOMBEAU PARA HAROLDO DE CAMPOS • Leda Tenório Motta (org.)
46. AGAMÊMNON DE ÉSQUILO • Trajano Vieira

COLEÇÃO SIGNOS

47. ESCREVIVER • José Lino Grünewald (José Guilherme Correa, org.)
48. ENTREMILÊNIOS • Haroldo de Campos
49. ANTÍGONE DE SÓFOCLES • Trajano Vieira

Este livro foi impresso na cidade de São Paulo,
nas oficinas da Yangraf Gráfica e Editora Ltda.,
em agosto de 2009, para a Editora Perspectiva S.A.